Thich Nhat Hanh

Goldene Regeln der Gelassenheit

Thich Nhat Hanh

Goldene Regeln der Gelassenheit

Herausgegeben von German Neundorfer

HERDER

FREIBURG · BASEL · WIEN

Inhalt

Vorwort

Oft wird dem Buddhismus vorgeworfen, eine Art Weltflucht zu sein. Buddhisten, so ist zu hören, würden das Dasein allein als großes Spiel der Täuschung und der Trugbilder verstehen. Nichts sei von Bestand und das Leben verbunden mit einem immerwährenden Leiden, dem es zu entsagen gelte. Mit der Konsequenz, dass man sich ins Reich der Meditation zurückziehe, um irgendwann das Leben, so wie wir es kennen, hinter sich zu lassen.

Liest man in den Schriften, die uns der Friedensaktivist und buddhistische Meister Thich Nhat Hanh (1926–2022) hinterlassen hat, eröffnet sich uns eine ganz andere Welt des Buddhismus. „Willst du die Wirklichkeit berühren, musst du dich umdrehen", so lautet die Pointe einer seiner Geschichten. Dieses Umdrehen ist aber kein Abwenden, sondern ein Zuwenden, es ist ein anderer, ein aufmerksamer und achtsamer Blick auf die Welt und unser Leben. Und es ist ein Blick, aus dem heraus sich ein neues und umfassendes Verstehen und Handeln in der Welt entwickeln kann. Das Leben in all seinen

Facetten – ob es nun um die Liebe geht oder das Leiden, um das Glück oder die Verbundenheit alles Lebendigen – erschließt sich uns in ungeahnter Fülle und Tiefe.
Dieser Blick ist ein Blick der Gelassenheit. Er gestattet es uns, alte Vorstellungen und lähmende Vorurteile loszulassen, er befreit uns aus dem Zwang der Routinen und dem Diktat des Immergleichen. Und eine solche Gelassenheit ist alles andere als eine Weltflucht, sie ist vielmehr ein großes Ja zum Leben in all seinen Formen. Unsere Sammlung kurzer Texte Thich Nhat Hanhs möchte den Reichtum und die Vielfalt zeigen, die ein solcher Blick der Gelassenheit uns schenken kann.

Auf eine Leiter steigen

Der Pfad zur Erkenntnis

Die Wirklichkeit berühren

Ein Zen-Mönch sah eine wunderschöne Wildgans vorbeifliegen und wollte seine Freude mit seinem älteren Bruder teilen, der neben ihm ging. Aber genau in dem Augenblick, als die Gans vorüberflog, hatte der sich gebückt, um ein Steinchen aus seiner Sandale zu entfernen. Als er wieder hochschaute, war der Vogel nicht mehr zu sehen. Er fragte: „Was wolltest du mir zeigen?" Der junge Mönch aber schwieg. Meister Tai Xu sagte: „Solange der Baum hinter dir ist, kannst du nur seinen Schatten wahrnehmen. Willst du die Wirklichkeit berühren, so musst du dich umdrehen."

(Herz 63f)

Tiefer schauen

Sehen wir eine Blume oder eine Wolke, können wir erkennen, dass es keine Geburt und keinen Tod gibt, kein Kommen und kein Gehen. Geburt und Tod sind einfach die äußere Erscheinung der Dinge. Schauen wir tiefer, sehen wir, dass nichts geboren wird und nichts stirbt. Können wir das vollkommen akzeptieren, werden wir keine Angst mehr vor dem haben, was kommt und geht.

(Quelle 55)

Die wahre Natur

Schauen wir tief in die Knospe an einem Baum, so erkennen wir ihre wahre Natur. Sie mag unscheinbar sein, aber sie gleicht der Erde, denn ihr Blatt wird eines Tages wieder zu Erde werden. Erlangen wir Einsicht in die wahre Natur einer einzelnen Erscheinung im Kosmos, so verstehen wir die Natur des ganzen Kosmos. Achtsamkeit und tiefes Schauen offenbaren uns die wahre Natur des Kosmos. Vorstellungen und Ansichten, die wir uns über sie machen, führen uns nur in die Irre.

(Herz 92)

Was ist Wind?

Zu sagen ‚Der Wind weht' ist eigentlich komisch. Der Wind kann gar nichts anderes als wehen, sonst wäre er nicht der Wind. Folglich wäre es eigentlich überhaupt nicht nötig, das Wort ‚wehen' zu gebrauchen. Du brauchtest nur ‚Wind' zu sagen. Was ist Wind? Wind ist deine Wahrnehmung, dein Bewusstsein. Entsprechend deiner Wahrnehmung ‚ist' Wind. Das Einzige, dessen du dir sicher sein kannst, ist, dass der Wind das Objekt deiner Wahrnehmung ist. Deine Wahrnehmung setzt sich zusammen aus dem Subjekt und dem Objekt, dem Wahrnehmenden und dem Wahrgenommenen. Der Wind ist Teil deines Bewusstseins. Der Wind ist das Objekt deiner Wahrnehmung.

(Jesus und Buddha 34)

Den Kosmos verstehen

Wenn wir alles zu seinem Ursprung zurückführen, dann bleibt nichts übrig. Wenn wir den Sonnenschein zur Sonne, das Wasser zur Wolke, den Erdboden zur Erde zurückführen, dann kann es keine Blume mehr geben. Eine Blume besteht ausschließlich aus Nicht-Blume-Elementen. Daher sagen wir, eine Blume ist leer von einem Selbst, leer von einem eigenständigen Selbst. Sie ist erfüllt von allem und leer von einem eigenständigen, abgetrennten Selbst. Wir sind leer und wir sind aus dem Kosmos gemacht. Betrachten wir einen Menschen, sehen wir den gesamten Kosmos und all unsere Vorfahren. In jedem Menschen können wir die Luft, das Wasser, Reisen, Freuden und Sorgen sehen, die es schon vor uns gab. Wir haben alle nötigen Informationen in uns, um den Kosmos verstehen zu können.

(Alles 96f)

Der Gesang der Wolke

Eine Wolke, die dabei ist, sich in Regen zu verwandeln, hat keine Angst. Vielleicht ist sie sogar freudig erregt. Es ist wunderbar, eine Wolke zu sein, die über den blauen Himmel zieht. Aber Regen zu sein, der auf die Felder, ins Meer oder auf die Berge fällt, ist gleichfalls wunderbar. Während sie als Regen niederfällt, wird die Wolke singen. Wenn wir tief schauen, erkennen wir, dass Geburt nur eine Vorstellung ist, genau wie der Tod es ist. Nichts kann aus nichts geboren werden. Wenn wir das Stück Papier tief berühren, wenn wir die Wolke tief berühren, wenn wir unsere Großmutter tief berühren, berühren wir das Reich der Geburt- und Todlosigkeit, und alle Angst fällt von uns ab. Es gelingt uns, das, was „gestorben" ist, in anderen Formen wiederzuerkennen. Das ist die Einsicht, die den Buddha gelassen, friedlich und furchtlos machte.

(Herz 155)

Ein Kosmos auf dem Teller

Am vergangenen Sonntag nahm ich zusammen mit den Mönchen und Nonnen und anderen Anwesenden ein formelles Mahl im Upper Hamlet ein. Ich aß voller Achtsamkeit und schaute tief in den Reis, die Bohnen und den Tofu, während ich sie kaute. Ich erkannte vielerlei in meinem Essen: die Erde, den Schlamm, die Mineralien, den Kompost. Ich sah die verrotteten Knochen von anderen kleinen Lebewesen. Damit der Reis und das Gemüse wachsen können, sind diese Elemente nötig. Während ich also den Reis, die Bohnen, den Tofu und die Tomaten aß, erkannte ich alle die Elemente, die zusammengekommen waren, um meine Speise entstehen zu lassen. Ich erkannte sie sehr genau, und dennoch schmeckte das Essen gut.

(Jesus und Buddha 148)

Das Leben einer Welle

Wenn wir das Meer betrachten, so sehen wir, dass jede Welle einen Anfang und ein Ende hat. Wir können sie mit anderen Wellen vergleichen, können sagen, dass sie schöner oder weniger schön, höher oder niedriger ist und sich länger oder weniger lange hält. Schauen wir aber tiefer, so wird uns bewusst, dass die Welle aus Wasser besteht. Sie lebt das Leben einer Welle; zugleich aber lebt sie auch das Leben von Wasser. Es wäre traurig, wenn die Welle nicht wüsste, dass sie Wasser ist. Sie würde denken: „Eines Tages muss ich sterben. Diese kurze Zeit ist meine Lebensspanne, und wenn ich am Ufer ankomme, werde ich ins Nicht-Sein zurückkehren." Wenn sie so denkt, kommen in der Welle Angst und Schmerz auf. Wir müssen ihr helfen, sich von den Begriffen „Selbst", „Person", „Lebewesen" und „Lebensspanne" zu lösen, wenn wir möchten, dass sie frei und glücklich ist.

(Herz 139f)

Das Glas Wasser

Der Buddha sprach einmal von einem sehr durstigen Menschen, der ein Glas frisches Wasser sieht. Er glaubt nun, dass dieses Wasser seinen Durst löschen wird. Als er näher hinsieht, entdeckt er ein Schild, auf dem steht, dass das Wasser vergiftet ist und jeder sterben wird, der davon trinkt. Doch das Wasser sieht so sauber, frisch und reizvoll aus. Ein weiser Mensch würde sagen: „Ich trinke dieses Wasser besser nicht. Ich finde etwas anderes, das meinen Durst löscht." Doch vielen von uns erscheint das Wasser so ansprechend, dass wir sagen: „Ich werde es trinken. Und wenn ich sterbe, sterbe ich wenigstens befriedigt."

(Quelle 49)

Nichts ist von Dauer

Nicht nur dein Körper verändert sich, sondern auch dein Geist. Diese Beobachtung verhilft dir zur Erkenntnis, dass es kein dauerhaftes Sein gibt, das Selbst genannt werden könnte. Keines der fünf Elemente, die das konstituieren, was allgemein als ‚Persönlichkeit' angesehen wird, kann unverändert bestehen bleiben. Diese fünf Elemente sind: der Körper, die Gefühle, die Wahrnehmungen, die Geistesformationen und das Bewusstsein. Sie verändern sich unaufhörlich. Du behältst zwar während deines Lebens den gleichen Namen – David oder Angelina –, aber abgesehen davon veränderst du dich ständig. Allein dein Name bleibt der gleiche. Die Art, wie dein Name für andere klingt, kann sich allerdings ändern. Je liebenswürdiger ein Mensch ist, als desto angenehmer empfinden wir den Klang seines Namens.

(Jesus und Buddha 26)

Zur Einheit finden

Mit seinem Ausspruch: „Ich denke, also bin ich" wollte Descartes zum Ausdruck bringen, dass unser Denken der Beweis für unsere Existenz ist. Aus der Tatsache, dass wir denken, zog er den Schluss, dass wir wirklich da sind, dass wir wirklich existieren. Ich würde das Gegenteil folgern: „Ich denke, also bin ich nicht." Solange Geist und Körper keine Einheit bilden, geraten wir auf Irrwege und können nicht behaupten, dass wir wirklich da wären. Wenn wir achtsames Atmen praktizieren und die heilenden und erfrischenden Kräfte berühren, die bereits in uns und um uns herum vorhanden sind, werden wir Frieden und Stärke finden. Achtsames Atmen verhilft uns dazu, nicht länger der Vergangenheit nachzutrauern oder uns über die Zukunft Sorgen zu machen. Es macht es uns möglich, das Leben im gegenwärtigen Augenblick zu berühren.

(Herz 67f)

So fließt es unaufhörlich dahin

In der Welt der Phänomene ist Unbeständigkeit eine Realität. Diese Erkenntnis wird im Osten wie auch im Westen akzeptiert. ‚Niemand kann zweimal in demselben Fluss baden' – das ist eine westliche Erkenntnis. „So fließt es unaufhörlich dahin, Tag und Nacht", sagte Konfuzius, als er einmal von einer Brücke auf das dahinströmende Wasser schaute. Das ist die gleiche Art von Erkenntnis. Wenn alles unbeständig ist, kann es kein dauerhaftes Selbst geben. So ist das Nicht-Selbst zu verstehen. Nicht-Selbst bedeutet nicht Nicht-Person oder Nicht-Existenz. Auch wenn du kein Selbst hast, bleibst du ein Mensch mit einem Körper, mit Gefühlen, Wahrnehmungen, Geistesformationen und Bewusstsein. Du bleibst ein Mensch, aber ein Mensch ohne ein eigenständiges Selbst.

(Jesus und Buddha 27)

Alles ist Bewusstsein

Wenn ich einen Stein berühre, berühre ich ihn niemals als etwas Unbelebtes. Der Baum ist Geist, der Stein ist Geist; die Luft, die Sterne, der Mond sind Bewusstsein, alles ist Bewusstsein. Sie sind die Objekte unseres Bewusstseins. Was willst du ausdrücken, wenn du sagst: „Der Wind weht?" Du nimmst wahr, dass der Wind weht, also sagst du: „Ich weiß, dass der Wind weht." Das ist deine persönliche Wahrnehmung. Der Wind mag zwar wehen; möglicherweise aber nimmt der Mensch neben dir das gar nicht wahr.

(Jesus und Buddha 34)

Töte den Buddha!

Vertrauen ist etwas Lebendiges. Vertrauen muss wachsen. Zu diesem Wachstum verhilft ihm unser ständig zunehmendes tieferes Verständnis der Wirklichkeit. Vertrauen erhält seine Nahrung durch Verstehen, so lehrt uns der Buddhismus. Üben wir uns darin, tief zu schauen, so vertieft sich unser Verstehen. Und je besser wir verstehen, desto größer wird unser Vertrauen.

Weil Verstehen und Vertrauen etwas Lebendiges sind, stirbt in ihnen in jedem Augenblick auch etwas, und etwas Neues wird in jedem Moment geboren. Der Zen-Buddhismus drückt das auf sehr drastische Weise aus: „Gib Acht! Triffst du den

Buddha unterwegs, so töte ihn!" Deutlicher kann man es nicht ausdrücken. Gemeint ist, dass wir in unseren Vorstellungen verfangen bleiben, sobald wir uns ein Bild vom Buddha machen. Wir müssen uns von diesem Bild befreien. Tun wir das nicht, so können wir auf dem spirituellen Weg nicht vorankommen. Töte den Buddha! Das heißt: Töte deine Vorstellung vom Buddha! Wir müssen geistig wachsen. Andernfalls sterben wir auf unserem spirituellen Pfad.

(Jesus und Buddha 58)

Die Samen der Gutheit

Jeder Mensch enthält in sich die Samen der Gutheit, Freundlichkeit und Erleuchtung. Wir alle haben die Samen der Buddhanatur in uns. Damit der Buddha die Chance zur Manifestation hat, müssen wir diese Samen wässern. Wenn wir in dem Bewusstsein handeln, dass Menschen diese Samen in sich tragen, gibt das sowohl uns als auch ihnen die Stärke und Energie, dass diese Samen wachsen und erblühen.

(Quelle 105)

Geburt und Tod

Im elften Jahrhundert fragte ein vietnamesischer Mönch seinen Meditationsmeister: „Wo liegt der Ort jenseits von Geburt und Tod?“ Der Meister antwortete: „Inmitten von Geburt und Tod.“ Wenn du – in der Hoffnung, des Nirvanas teilhaftig zu werden – Geburt und Tod missachtest, wirst du es gewiss nicht erfahren. Nirvana findet sich in Geburt und Tod. Nirvana ist Geburt und Tod. Es hängt davon ab, welchen Standpunkt du einnimmst. Aus der einen Perspektive siehst du nur Geburt und Tod, aus der anderen erkennst du in Geburt und Tod das Nirvana.

(Herz 275)

Die Wahrheit in uns

Die Wahrheit ist schon in dir. Du brauchst dich nur zu öffnen – deinen Körper, deinen Geist und dein Herz –, sodass die Botschaft die in dir bereits vorhandenen Samen des Verstehens und der Erleuchtung nähren kann. Gestatte es den Worten, in die Tiefe deines Bewusstseins zu gelangen; Boden und Samen werden dann den Rest der Arbeit tun.

(Herz 18)

Auf eine Leiter steigen

Wissen und Verstehen sind nicht dasselbe. Wenn du auf eine Leiter steigst, musst du deinen Fuß von der tieferen Sprosse fortnehmen, um ihn auf die nächsthöhere setzen zu können. Genauso ist es mit dem Wissen. Wenn du nicht bereit bist, dein Wissen loszulassen, wirst du nicht in der Lage sein, tieferes Wissen zu erlangen. Die Geschichte der Wissenschaft beweist das. Bestimmte Entdeckungen führen zu bislang unbekannten Einsichten. Doch auch diese Erkenntnisse müssen eines Tages losgelassen werden, damit etwas Tiefergehendes und Weiterreichendes entdeckt werden kann. Die buddhistische Lehre vom Loslassen unseres Wissens ist außerordentlich wichtig.

(Jesus und Buddha 55)

Lass dein Verstehen wachsen

Verstehen ist etwas Lebendiges, ein Prozess. Behaupte niemals, du habest die Wirklichkeit vollkommen verstanden. Wenn du dich unermüdlich darum bemühst, jeden Augenblick deines Lebens tief zu erfahren, wird dein Verstehen wachsen, nicht weniger dein Vertrauen.

(Jesus und Buddha 58)

Kostbare Juwelen

Wie wir das Leid umarmen

Dem Leiden begegnen

Angenommen, irgendetwas hat dich sehr leiden lassen, und du hast dich von dem Leiden befreien können. Vielleicht hast du den Weg, aus diesem Leiden herauszukommen, selbst entdeckt; vielleicht haben ihn dir ein Lehrer oder eine Lehrerin oder ein Bruder oder eine Schwester finden geholfen. Auf alle Fälle hat diese Entdeckung es dir möglich gemacht, dein bestimmtes Leiden zu überwinden. Zu leiden und zu wissen, wie du dieses Leiden loswerden kannst, ist eine wirkliche Erkenntnis. Du gewinnst Vertrauen, dass du auch in Zukunft wissen wirst, wie du dem Leiden begegnen musst, damit du es überwinden kannst. Das ist Einsicht, unmittelbare Erfahrung; und beides sind die Elemente, auf denen wahres Vertrauen gründet.

(Jesus und Buddha 69)

Die Wunden heilen

Ohne Leiden kannst du dich nicht weiterentwickeln. Ohne Leiden kannst du nicht den Frieden und die Freude finden, die du verdienst. Lauf bitte nicht vor deinem Leiden davon. Umarme es und erkenne seinen Wert. Geh zum Buddha, nimm Platz bei ihm und zeig ihm deinen Schmerz. Er wird dich voll liebender Güte, Mitgefühl und Achtsamkeit anschauen und dir Wege weisen, wie du dein Leiden umarmen und tief in es hineinschauen kannst. Mit Verstehen und Mitgefühl wird es dir gelingen, die Wunden in deinem Herzen und die Wunden in der Welt zu heilen. Weil das Leiden uns den Pfad zur Befreiung aufzuzeigen vermag, nannte der Buddha es eine „heilige" Wahrheit. Stehe zu deinem Leiden und gib ihm die Möglichkeit, dir den Weg zu Frieden, Freude und Befreiung zu offenbaren.

(Herz 12)

Die Ursache des Leids

Verstehen entwickelt sich im Verlaufe tiefen Schauens. Meditation bedeutet, tiefes Schauen zu üben, die Dinge tief zu berühren. Eine Welle muss sich der Tatsache bewusst werden, dass andere Wellen um sie herum sind. Jede Welle hat ihr eigenes Leiden. Du bist nicht der einzige Mensch, der leidet. Auch deine Brüder und Schwestern leiden. In dem Augenblick, da du das Leiden in ihnen erkennst, hörst du auf, ihnen Vorwürfe zu machen, und damit hört auch das Leiden in dir auf. Wenn du leidest und glaubst, dein Leiden sei von den Menschen verursacht, mit denen du zu tun hast, dann musst du noch einmal tief schauen. Dein Leiden entsteht zur Hauptsache aus einem Mangel an Verständnis dir selbst und anderen gegenüber.

(Jesus und Buddha 39)

Das Leiden anhören

Es gibt Zeiten, in denen wir leiden und nicht wissen, warum. Wir kennen nicht die Natur des Leidens. Dieses Leiden mag uns von unseren Eltern oder Vorfahren übermittelt worden sein. Sie waren vielleicht nicht in der Lage, ihr Leiden zu transformieren, und so haben sie es an uns weitergegeben. Als Erstes erkennen wir einfach, dass es in uns ist. Hören wir unser eigenes Leiden nicht an, werden wir es nicht verstehen, und wir werden kein Mitgefühl für uns haben. Mitgefühl ist das, was uns zur Heilung verhilft. Nur wenn wir Mitgefühl für uns selbst haben, können wir wirklich einem anderen Menschen zuhören.

(Quelle 52)

Die Wut nicht zurückweisen

Unsere Wut ist wie ein kleines Kind, das nach seiner Mutter schreit. Die Mutter nimmt das Baby sanft in den Arm, hört genau hin und beobachtet es sorgsam, um herauszufinden, was ihm fehlt. Diese liebevolle, zärtliche Haltung lindert bereits das Leiden des Babys. Und genauso können wir unsere Wut liebevoll im Arm halten und werden sofort Linderung erfahren. Wir müssen die Wut nicht zurückweisen. Sie ist ein Teil von uns, der unserer Liebe und unseres tiefen Zuhörens bedarf, so wie ein Baby. Hat sich das Baby etwas beruhigt, kann die Mutter schauen, ob es Fieber hat oder die Windeln gewechselt werden müssen. Fühlen wir uns wieder ruhig, können wir unsere Wut in tiefer Weise betrachten und die Bedingungen klar sehen, die ihr Entstehen ermöglicht haben.

(Alles 116)

Der Weg aus unserem Gefängnis

Jedem und jeder von uns wohnt ein großes Wesen, friedvoll, voller Licht, Verstehen und Mitgefühl inne. Dieses Wesen hat ein Schwert des Verstehens in den Händen, das die Fesseln des Leidens durchtrennt. Tiefes Verstehen erhellt uns den Weg aus unserem Gefängnis. Wir entdecken die Leichtigkeit und das Mitgefühl, die wir brauchen, um einen anderen Menschen lieben zu können. Wir können dieses große Wesen in uns erwecken und unsere wahre Aspiration verwirklichen, ohne Zerstreuung oder Beeinträchtigung.

(Quelle 102)

Das Leiden beenden

Wenn du glaubst, der Buddhismus behaupte, es gäbe nichts als Leiden und wir könnten ihm nicht entrinnen, dann glaubst du das Gegenteil von dem, was der Buddha lehrte: die Existenz von Leiden und seine Aufhebung. Er macht uns klar, dass wir unsere Augen vor dem Leiden nicht verschließen dürfen, sondern es akzeptieren müssen. Er erklärt aber auch, dass Leiden beendet werden kann. Wenn es diese Möglichkeit nicht gäbe, welchen Sinn machte es dann zu praktizieren?

(Herz 17)

Das Kind in uns

Viele von uns haben in sich ein verletztes Kind. Wir sind als Kinder tief verletzt worden und tun uns schwer damit, zu lieben und zu vertrauen, und die Liebe anderer an uns herankommen zu lassen. Sich Zeit für die Zuwendung zu diesem verletzten Kind nehmen ist eine sehr wichtige Übung. Doch kann es da ein Hindernis geben. Viele von uns wissen um ihr inneres verletztes Kind, haben aber zu große Angst, zu sich selbst zurückzukehren und mit diesem Kind zu sein. Die Mauer aus Schmerz und Kummer in uns erscheint uns als so unüberwindbar hoch, dass wir davor wegrennen. Doch wir müssen nach Hause zurückkehren und uns fürsorglich um unser verletztes Kind kümmern, selbst wenn uns dies schwerfällt. Wir brauchen Anleitungen, wie wir das tun können, ohne dass uns der innere Schmerz überwältigt.

(Alles 157)

Einander zuhören

Viele Familien und Partnerschaften brechen auseinander, weil wir es verlernt haben, einander ruhig und mitfühlend zuzuhören, weil wir nicht mehr gelassen und liebevoll miteinander sprechen können. (...) Wenn beispielsweise ein Familienmitglied traurig ist und leidet und niemand sich die Zeit nimmt, sich zu ihm zu setzen und ihm zuzuhören, wird seine traurige Stimmung andauern. Öffnet aber jemand Herz und Ohr und zeigt Verständnis für die Situation des Leidenden, so mag eine Stunde des Zusammenseins genügen, um ihm Erleichterung zu verschaffen.

(Herz 99)

Die Erleuchtung in uns

Im Moment seines Erwachens hat der Buddha am Fuß des Bodhibaums erklärt: „Wie seltsam – alle Wesen besitzen die Fähigkeit, zu erwachen, zu verstehen, zu lieben und frei zu sein – und doch wissen sie das nicht und ziehen dahin auf dem Ozean des Leidens." Er sah, dass wir Tag und Nacht nach etwas suchen, was bereits in uns ist. Wir können das Buddha-Natur oder erwachte Natur nennen, die wahre Freiheit, welche die Grundlage für allen Frieden und alles Glück ist. Die Fähigkeit zur Erleuchtung ist nicht etwas, das uns jemand anderes bieten kann. Es ist bereits in uns vorhanden.

(Quelle 58)

Geburt- und Todlosigkeit

Im zehnten Jahrhundert wurde der vietnamesische Zen-Lehrer Thien Hoi von einem Schüler gefragt: „Wo ist das Reich der Geburt- und Todlosigkeit zu finden?“ Der Meister antwortete: „Du findest es genau hier in der Welt der Geburt und des Todes.“ Es ist so einfach und so klar. Wenn du tief in die Natur der Dinge schaust, in einen Baum, ein Stück Stoff oder in eine Wolke, entdeckst du die Natur der Geburt- und Todlosigkeit darin. Es ist sehr wichtig, dass wir uns genügend Zeit nehmen und die Energie der Achtsamkeit in uns entwickeln, damit wir die Dinge tief genug berühren können und erkennen, dass sie Geburt und Tod nicht unterworfen sind.

(Jesus und Buddha 31)

Warum strengst du dich so an?

In der Tang-Dynastie gab es in China einen Mönch, der Tag und Nacht Sitzmeditation übte und sich außerordentlich anstrengte. Er war sich sicher, intensiver als alle anderen zu praktizieren, und war sehr stolz darauf. Wie ein Fels saß er Tag und Nacht. Aber sein Leiden konnte er nicht überwinden. Meister Huairang (667–744), sein Lehrer, fragte ihn: „Warum strengst du dich so an?" Der Mönch antwortete: „Ich möchte ein Buddha werden." Der Lehrer hob einen Dachziegel auf und begann, ihn zu polieren. Der Mönch fragte: „Meister, was tut Ihr da?" Der Lehrer antwortete: „Ich mache einen Spiegel." – „Wie könnt Ihr einen Ziegelstein zu einem Spiegel machen?", fragte der Mönch. Der Meister sagte: „Wie kannst du durch Sitzen zu einem Buddha werden?"

(Herz 112)

Der Sinn des Leidens

Stell dir ein Land vor, in dem es überhaupt kein Leiden gibt. Dort zu leben, macht die Menschen keineswegs glücklich. Die Freude, am Leben zu sein, können wir erst dann erfahren, wenn wir wissen, was ‚Sterben' ist. Die Freude, gesund zu sein, gehen und laufen und atmen zu können, kann erst dann aufkommen, wenn wir erfahren haben, was Krankheit und Tod bedeuten. Wir sollten noch einmal überprüfen, ob unsere Sehnsucht nach einem Ort, an dem es kein Leiden gibt, wirklich gerechtfertigt ist, ob ‚unser Hoffen und Wünschen nicht ein blindes Hoffen und Wünschen ist.

(Jesus und Buddha 131)

Anker, Steuerrad und Mast

Sie haben sechs Sinne: Augen, Ohren, Nase, Zunge, Körper und Geist. Schauen Sie nicht mehr nach dem, hören Sie nicht mehr auf das, denken Sie nicht mehr über das, was Sie für die Ursache Ihres Leidens halten: den einen Satz, einen Brief, die eine Handlung oder die eine Neuigkeit. Kehren Sie zu sich selbst zurück, halten Sie sich an Ihrem Atem fest und folgen Sie ihm, halten Sie sich an Ihrem Einatem und Ausatem fest, so wie ein Schiffskapitän das Steuerrad fest in Händen hält, wenn das Schiff durch die Meereswellen hin- und hergeschleudert wird. Achtsames Atmen ist der Anker, das Steuerrad und der Mast.

(Alles 120)

Loslassen können

Gleichmut bedeutet nicht Gleichgültigkeit. Sind wir gleichmütig, so machen wir keinen Unterschied zwischen den Menschen, die wir lieben, und den Menschen, die uns unsympathisch sind; wir bemühen uns nach Kräften, beide glücklich zu machen. Wir akzeptieren die Blumen und den Abfall in gleicher Weise, ohne dem einen mehr zugetan zu sein als dem anderen; wir verspüren keine Zuneigung und keine Abneigung. Beiden begegnen wir mit Respekt. Gleichmut bedeutet Loslassen, nicht Fallenlassen. Fallenlassen lässt Leiden entstehen. Loslassen wird möglich, wenn wir haftende Zuneigung aufgeben.

(Herz 272f)

Wirklich zuhören

Damit wir stets unser Mitgefühl bewahren können, müssen wir achtsam ein- und ausatmen. Wir hören zu, ohne Ratschläge zu erteilen, ohne zu beurteilen. Sie können zu sich selbst in Bezug auf den Menschen vor Ihnen sagen: „Ich höre ihm zu, weil ich sein Leiden lindern möchte.“ Das wird mitfühlendes Zuhören genannt. Sie müssen so zuhören, dass Ihr Mitgefühl während des gesamten Zuhörens präsent ist. Das ist die Kunst. Wenn Ärger oder Wut während des Zuhörens in Ihnen hochkommt, können Sie nicht weiter zuhören. Sie müssen sich so im Zuhören üben, dass Sie achtsam ein- und ausatmen und sich Ihr Mitgefühl bewahren, sollte die Energie des Ärgers und der Wut in Ihnen hochkommen. Nur mit Mitgefühl können wir einander wirklich zuhören. Sie sitzen sehr ruhig da und atmen ein und aus, egal was der andere sagt, selbst wenn seine Worte, seine Sicht der Dinge eine Fülle gewichtiger Information und starker Ungerechtigkeiten enthalten oder er sie beschimpft und anklagt.

(Alles 115)

Die Grundlage des Glücks

Wir wissen, dass Glück etwas mit Leiden zu tun hat. Verstehen wir nicht, was Leiden ist, können wir nicht wissen, was Glück ist. Leiden verstehen ist die Grundlage des Glücks. Wissen Sie nicht, wie Sie mit einem schmerzvollen Gefühl umgehen können, wie können Sie dann einem anderen Menschen dabei helfen?

(Quelle 89)

Kostbare Juwelen

Du kannst Leiden beenden und Wohlsein erlangen, wenn du dich an den kostbaren Juwelen zu erfreuen weißt, die schon in deinem Besitz sind. Du hast Augen, die sehen können, Lungen, die atmen können, Beine, die gehen können, und Lippen, die lächeln können. Wenn du leidest, schau tief in deine Situation und entdecke die Bedingungen für Glück, die schon da sind und dir bereits jetzt zur Verfügung stehen.

(Herz 49)

Die Erde berühren

Wenn wir die Erde berühren, werden wir klein, bescheiden und einfach wie ein kleines Kind. Wenn wir die Erde berühren, werden wir groß wie ein alter Baum, dessen Wurzeln tief in die Erde hineinreichen und aus der Quelle allen Wassers trinken. Wenn wir die Erde berühren, atmen wir alle Stärke und Stabilität der Erde ein und wir atmen unser Leiden aus – unsere Gefühle der Wut, des Hasses, der Angst, der Unzulänglichkeit und der Trauer.
(Alles 142)

Zwei Hühner

Wenn unser Leiden ein Ende gefunden hat, verspüren wir relative Freude. Absolute Freude aber erfahren wir dann, wenn wir alle unsere Vorstellungen von Leiden und Nicht-Leiden hinter uns gelassen haben. Stell dir zwei Hühner vor, die geschlachtet werden sollen. Das eine Huhn sagt zum anderen: „Dieser Reis hier schmeckt viel besser als der Mais dort. Der Mais da ist schon nicht mehr ganz frisch." Dieses Tier spricht von relativer Freude. Es hat nicht erkannt, dass die wirkliche Freude jenes Augenblicks die Freude ist, nicht geschlachtet zu werden, die Freude, am Leben zu sein.

(Herz 144)

Die Rosen und die Dornen

Von der Schönheit des Lebens

Das kollektive Bewusstsein

Schauen wir tief in unser Individualbewusstsein, so berühren wir das kollektive Bewusstsein. Das, was wir für „schön“ oder „gut“ halten, und das, was für uns „Glück“ bedeutet, entspricht im Allgemeinen dem Ideal, das unsere Gesellschaft davon hat. Jeden Winter präsentieren uns Modeschöpfer ihre Kreationen für den kommenden Frühling, und wir betrachten ihre Werke durch die Brille unseres kollektiven Bewusstseins. Kaufen wir uns ein modisches Kleid, so tun wir das, weil wir mit den Augen des kollektiven Bewusstseins schauen. Keine Frau aus dem Innern des Amazonasgebietes würde auf die Idee kommen, so viel Geld für ein derartiges Kleid auszugeben. Sie würde es nicht einmal schön finden. Schreiben wir Literatur, so hat unser kollektives wie auch unser individuelles Bewusstsein daran Anteil.

(Herz 85)

Ohne Anstrengung

Schauen Sie aus dem Fenster. Vielleicht sehen Sie eine Linde oder eine Eiche. Der Baum ist schön und gesund, vollständig er selbst. Es scheint nicht so, als würde der Baum sich in irgendeiner Weise anstrengen. Er erlaubt sich, er selbst zu sein – frisch, grün, stabil. Vielleicht wächst der Baum auf einem Berg. Der Berg ist stark und fest, unterstützt alle Arten von Leben, ohne sich zu belasten oder anzustrengen.

(Alles 26)

Von Schönheit umgeben

Der menschliche Körper ist schön. Auch ein Baum, eine Blume, Schnee, ein Fluss und eine Weide sind schön. Wir sind von Schönheit umgeben, dazu gehören auch die Menschen und Tiere, die die Erde bevölkern. Doch wir müssen lernen, mit Schönheit umzugehen, damit wir sie nicht zerstören.

(Quelle 20)

Eine Tasse Tee

Stellen Sie sich vor, vor Ihnen steht eine Tasse Tee. Sind Sie achtsam und konzentriert, wird der Tee etwas sehr Reales für Sie, und das Teetrinken macht Sie glücklich. Ihr Geist ist nicht zerstreut. Er weilt nicht in der Vergangenheit, der Zukunft oder bei Ihren gegenwärtigen Projekten. Ihr Geist ist einzig und allein auf den Tee konzentriert. Das ist Konzentration. Tee ist das Objekt Ihrer Konzentration. Teetrinken kann Sie in diesem Moment sehr glücklich machen, und je konzentrierter Sie sind, desto glücklicher werden Sie. Sind Sie in den Anblick eines wunderschönen Sonnenaufgangs versunken, stört in diesem Moment kein Denken über die Vergangenheit oder Zukunft Sie. Je konzentrierter Sie werden, desto mehr werden Sie der Schönheit, die Sie umgibt, gewahr. Konzentration ist also eine Quelle des Glücks.

(Quelle 83)

Die Rose und die Dornen

Stell dir vor, du kommst in einen gepflegten Garten und erblickst eine wunderschöne, frisch erblühte Rose, die du gerne haben möchtest. Brichst du sie ab, so kommst du unweigerlich mit einigen Dornen in Berührung. Da ist die Rosenblüte, aber da sind auch die Dornen. Du musst eine Möglichkeit finden, mit den Dornen fertigzuwerden, um die Rose pflücken zu können.

(Herz 214)

Das goldene Reisfeld

Wenn du eine Wolke am Himmel siehst, so mache deinen Freund oder deine Freundin darauf aufmerksam und frage: „Siehst du die Wolke dort? Ist sie nicht wunderschön?“ Wie können wir es anstellen, dass die Samen des Glücks in uns täglich gewässert werden? Dadurch dass wir Freude kultivieren und Liebe praktizieren! Das gelingt uns leicht, wenn die Energie der Achtsamkeit in uns ist. Wie könnten wir, ohne achtsam zu sein, das goldene Reisfeld erblicken? Wie könnten wir den erfrischenden Regen spüren? Ich atme ein und weiß, dass es regnet. Ich atme aus und schenke dem Regen ein Lächeln. Ich atme ein und weiß, wie wichtig der Regen für alles Leben ist. Ich atme aus, und wieder lächle ich. Achtsamkeit hilft uns, das verloren geglaubte Paradies wiederzuerlangen.

(Herz 215)

Die Wunder des Lebens

Schau tief in die Natur dessen, von dem du glaubst, dass es dich glücklich macht, und stelle fest, ob es in Wirklichkeit nicht denen, die du liebst, Leiden bringt. Du musst dir Klarheit darüber verschaffen, wenn du wirklich frei sein möchtest. Finde zurück in den gegenwärtigen Augenblick und berühre die Wunder des Lebens, die verfügbar sind. Es gibt so vieles, was uns zu unmittelbarem Glück verhelfen kann – der herrliche Sonnenaufgang, der blaue Himmel, die Berge, die Flüsse und die vielen schönen Gesichter um uns herum.

(Herz 220)

Schönheit des Alters

Ich persönlich habe nichts dagegen, alt zu sein. Auch das Alter ist schön. Es gibt Erfahrungen, die junge Leute nicht machen können. Junge Leute sind wie ein Quellwasser, das hoch vom Berg zu Tale stürzt, begierig, so schnell wie möglich voranzukommen. Wenn du aber zu einem Fluss wirst, der ruhig durch das flache Land fließt, bist du viel friedvoller. In dir spiegeln sich die Wolken und der herrliche blaue Himmel. Altsein hat seine eigenen Freuden. Du kannst als alter Mensch sehr glücklich sein. Wenn ich mit jungen Mönchen und Nonnen zusammensitze, spüre ich, dass sie meine Fortsetzung sind und dass ich in ihnen fortbestehe. Ich habe mein Bestes gegeben, und jetzt lebe ich in ihnen weiter.

(Herz 141)

Den Körper akzeptieren

Den Körper zu akzeptieren ist ganz entscheidend für den eigenen Frieden, die eigene Freiheit. Jeder Mensch ist als eine Blume im Garten der Menschheit geboren. Und Blumen unterscheiden sich voneinander. Wenn Sie Ihren Körper und Ihren Geist nicht zu akzeptieren vermögen, können Sie auch kein Zuhause für sich sein. Viele junge Leute akzeptieren nicht, wer sie sind, und doch wollen sie, dass jemand anderes bei ihnen heimisch wird. Doch wie soll das möglich sein, wenn sie sich selbst das nicht geben können?

(Quelle 48)

Der Garten des Lebens

Wenn wir uns selbst und andere als schöne, einzigartige Blumen und Bäume sehen können, werden wir uns wahrhaft dahin entwickeln, einander zu verstehen und zu lieben. Eine Blume blüht vielleicht schon zu Beginn des Frühlings, eine andere erst im späten Sommer. Ein Baum trägt viele Früchte, ein anderer bietet wohltuenden Schatten. Keine Pflanze ist großartiger oder minderwertiger als die anderen Pflanzen dieses Gartens und keine ist einer anderen genau gleich.

(Alles 95f)

Eine Scheibe Brot

Wenn wir eine Scheibe Brot essen, so können wir das in einer Weise tun, dass wir den ganzen Kosmos tief berühren – vorausgesetzt, in uns ist Achtsamkeit, vorausgesetzt, wir haben dem Heiligen Geist in uns Raum gegeben. Eine Scheibe Brot enthält den Sonnenschein. Das zu erkennen ist nicht schwer. Ohne Sonnenschein könnte die Scheibe Brot nicht existieren. Eine Scheibe Brot enthält Wolken. Ohne Wolken, aus denen Regen fallt, könnte der Weizen, aus dem das Mehl gewonnen wird, nicht gedeihen. Wenn du also die Scheibe Brot isst, so isst du zugleich auch die Wolken und den Regen; du isst den Sonnenschein, die Mineralien, die Zeit, den Raum, du isst einfach alles.

(Jesus und Buddha 16)

Zuhause sein

In einer Kalligraphie habe ich geschrieben: „Sei schön, sei du selbst." Das ist eine sehr wichtige Praxis. Wenn Sie sich darin üben, sich selbst ein Zuhause zu sein, werden Sie immer schöner. Sie strahlen Ihren inneren Frieden, Ihre Wärme und Freude aus.

(Quelle 48)

Die zwei Hände

Vom Wunder der Liebe

Begehren oder Liebe

Jeder Mensch möchte lieben und geliebt werden. Das ist ganz natürlich. Doch oft werden Liebe, Begehren, Brauchen und Angst einfach zusammengepackt. Es gibt so viele Lieder mit den Worten: „Ich liebe dich, ich brauche dich." Sie beinhalten, dass Lieben und Begehren das Gleiche sind und dass die andere Person nur dazu da ist, unsere Bedürfnisse zu befriedigen. Vielleicht meinen wir sogar, ohne den anderen gar nicht leben zu können. Wir glauben, in der Sprache der Liebe zu sprechen, wenn wir sagen: „Liebling, ich kann ohne dich nicht leben. Ich brauche dich." Wir meinen dies sogar als Kompliment. Doch dieses Brauchen ist tatsächlich nur eine Fortsetzung unserer ursprünglichen Angst und unseres ursprünglichen Begehrens, das uns seit unserer frühsten Kindheit begleitet.

(Quelle 25)

Einswerden

Solange wir uns als den Menschen betrachten, der liebt, und die andere Person als diejenige, die geliebt wird, solange wir uns mehr wertschätzen als die oder den andere(n) oder uns als verschieden von ihr/ihm ansehen, ist kein wahrer Gleichmut in uns. Wir müssen uns in die Haut der anderen Person versetzen und eins werden mit ihr, wenn wir sie verstehen und wahrhaft lieben wollen. Wenn das geschieht, ist da kein „ich" und kein „anderer" Mensch mehr.

(Herz 196)

Zwei Hände

Wir haben zwei Hände und nennen sie rechte Hand und linke Hand. Haben Sie jemals erlebt, dass die beiden Hände miteinander gekämpft hätten? Ich habe so etwas nie gesehen. Jedes Mal, wenn sich meine linke Hand verletzt hat, konnte ich bemerken, dass sich die rechte ganz natürlich um sie gekümmert hat. Es muss im Körper also so etwas wie Liebe geben. Manchmal helfen die Hände einander, manchmal handeln sie auch einzeln, aber nie bekämpfen sie sich.

(Quelle 35f)

Wahre Liebe

Damit Liebe wahre Liebe ist, muss sie Mitgefühl, Freude und Gleichmut enthalten. Damit Mitgefühl wahres Mitgefühl ist, muss es Liebe, Freude und Gleichmut einbeziehen, und wahrer Gleichmut muss Liebe, Mitgefühl und Freude umfassen.

(Herz 197)

Verstehen lernen

Wahre Liebe setzt Verstehen voraus. Wir müssen den Menschen, den wir lieben, verstehen, sein Leiden, seine Probleme und seine wirklichen Sehnsüchte. Verstehen wir ihn, so sind wir ihm freundlich zugewandt, bringen ihm Mitgefühl entgegen und lassen ihn Freude verspüren. Es wird auch eine Menge Raum in und um uns herum sein, denn wahre Liebe ist keine besitzergreifende Liebe. Du liebst, aber dennoch bleibst du frei, und auch der oder die andere bleibt frei. Eine Liebe, die keine Freude bringt, ist keine wahre Liebe. Wenn beide Partner miteinander nur weinen, können wir nicht von wahrer Liebe sprechen. Wahre Liebe beinhaltet Freude, Freiheit und Verstehen.

(Jesus und Buddha 62f)

Gleichmut

Gleichmut ist ein Aspekt wahrer Liebe. Gleichmut hat nichts mit Gleichgültigkeit zu tun. Wenn wir gleichmütig sind, machen wir keinen Unterschied in unserer Liebe.

(Herz 246)

Kostbare Stunden

Wir können unseren Tag mit einem Lächeln und der Absicht beginnen, uns ganz dem Pfad der Liebe und des Verstehens zu widmen. Wir werden gewahr, dass heute ein frischer, neuer Tag ist und wir vierundzwanzig kostbare Stunden vor uns haben.

(Alles 33)

Den Zorn heilen

Wenn du es lernst, Liebe, Mitgefühl, Freude und Gleichmut zu praktizieren, wirst du wissen, wie die unheilsamen Geisteszustände von Zorn und Kummer, Unsicherheit und Traurigkeit, Hass, Einsamkeit und Anhaften zu heilen sind.

(Herz 191)

Tiefes Schauen

Unser Hass oder unser Zorn auf einen anderen Menschen ist darauf zurückzuführen, dass wir ihn oder seine Lebensumstände nicht verstehen. Tiefes Schauen verhilft uns dazu zu erkennen, dass wir genauso sein würden wie er, wenn wir unter den gleichen Umständen und in der gleichen Umgebung aufgewachsen wären oder leben müssten. Diese Art von Verstehen lässt unseren Zorn schwinden, setzt unserem Diskriminieren ein Ende, und plötzlich erscheint uns dieser Mensch nicht länger als unser Feind. Wir können ihn lieben. Solange er oder sie für uns ein Feind bleibt, ist Liebe unmöglich. Erst dann, wenn wir aufhören, einen Menschen als Feind zu betrachten, und anfangen, ihn zu verstehen – und das ist allein durch tiefes Schauen möglich –, können wir ihn lieben. Dieser Mensch mag uns in der Vergangenheit viel Leid zugefügt haben; wir müssen uns aber fragen, was ihn dazu gebracht hat, welche Gründe es für sein Verhalten gibt..

(Jesus und Buddha 38)

Liebe und Vertrauen

Liebe in diesem Sinn kann auch als Vertrauen beschrieben werden, denn Vertrauen ist eine Quelle von Energie, die uns Kraft und Stärke schenken kann. Liebe und Vertrauen müssen gepflegt werden. Sie sind keine bloßen Ideen; sie haben nichts damit zu tun, dass wir uns bestimmten Anschauungen oder Dogmen gegenüber verpflichtet fühlen. Liebe wie Vertrauen sind etwas Lebendiges. Im Verlauf des Liebens lernen wir viel: Unsere Liebe gewinnt an Kraft, wir machen weniger Fehler. Unsere Fähigkeit, selber glücklich zu sein und andere glücklich zu machen, nimmt zu. Dadurch wieder stärken wir unser Vertrauen in unsere Liebesfähigkeit. Vertrauen entsteht also aus sehr konkreten Elementen – aus unserer wahren spirituellen Erfahrung, aus der Erfahrung, die wir in unserem täglichen Leben machen. Vertrauen in diesem Sinn bedeutet nicht, sich in Ideen, Dogmen oder Doktrinen zu verfangen, Vertrauen ist das Resultat unserer Lebensführung. Es wächst. Und so wie unser Vertrauen wächst, so wächst in uns auch die Energie der Liebe, denn Vertrauen ist der Energie der Liebe gleichzusetzen. Schauen wir tief in die Natur unserer Liebe, so erkennen wir darin auch unser Vertrauen. Ist Vertrauen in uns, so haben wir vor nichts mehr Angst.

(Jesus und Buddha 63)

Die eigene Insel

Befreiung und Erlösung können nur von uns kommen, nicht von anderen. Sie können nicht darauf warten, dass Ihnen jemand dabei hilft. Sie sind Ihre eigene Insel. Kehren Sie zu Ihrem Ein- und Ihrem Ausatmen zurück. Berühren Sie Ihren inneren Frieden, und Sie können tiefer schauen. Sie werden die Wurzeln Ihrer Schwierigkeiten erkennen, und Sie werden Ihre Fesseln lösen können. Selbst wenn Ihr Geist voller Verlangen nach sinnlicher Liebe ist, werden Sie imstande sein, all diese Fesseln zu lösen.

(Quelle 60)

Der Buddha in uns

Ein Buddha zu werden ist gar nicht so schwierig. Ein Buddha ist jemand, der erleuchtet ist und fähig, zu lieben und zu vergeben. Sie wissen, dass es Zeiten gibt, an denen Sie genau so sind. Genießen Sie also, ein Buddha zu sein, wann immer Sie können. Erlauben Sie dem Buddha in Ihnen zu sitzen, wenn Sie sitzen. Gehen Sie, erlauben Sie dem Buddha in Ihnen zu gehen. Genießen Sie Ihre Praxis. Wenn Sie kein Buddha werden, wer sollte es dann werden?

(Quelle 105)

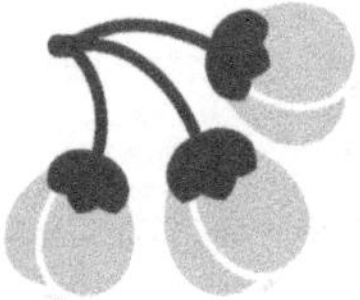

Tofu

Vertrauen hat mit Verstehen und Einsicht zu tun. Stell dir vor, du schaust zu, wie eine Freundin Tofu macht. Du bist überzeugt davon, dass dir kein Detail bei der Tofuzubereitung entgangen ist, also vertraust du darauf, dass auch du Tofu herstellen kannst. Du gehst heim und besorgst dir alle Zutaten und versuchst, Tofu zu machen, aber es misslingt dir. Du suchst deine Freundin erneut auf und bittest sie, dir noch einmal zu zeigen, wie man Tofu macht. Um sicher zu sein, dass es dir diesmal gelingt, bereitest du ihn selbst in ihrer Gegenwart zu. Du hast Erfolg und vertraust darauf, dass du nun weißt, wie man Tofu herstellt. Niemand, so glaubst du, kann dir dieses Vertrauen wieder nehmen. Vielleicht bist du sogar überzeugt, dass deine Methode, Tofu zu machen, die einzig richtige oder die beste ist. Ein oder zwei Jahre später aber triffst du jemanden, der Tofu auf eine andere Art herstellt, und dieser Tofu schmeckt sogar besser. Du lernst dazu, du verfeinerst deine Kunst der Zubereitung. Dein Vertrauen, Tofu herzustellen, ist also etwas Lebendiges. Es hängt ab von der Tiefe deines Schauens und Verstehens.

(Jesus und Buddha 54f)

Der Geist der Liebe

Der Geist der Liebe, der in dir lebendig ist, verwandelt deinen eigenen Kummer und Schmerz und lässt dich deine Einsicht mit anderen teilen. Das ist unter Rechtem Handeln zu verstehen; es bringt dir und deinen Mitmenschen Befreiung.

(Herz 108)

Nach dem Sturm

Von der Kunst, zur Ruhe zu finden

Frag das Pferd

In Zen-Kreisen erzählt man die Geschichte von einem Mann und einem Pferd. Der Mann sitzt auf seinem geschwind dahingaloppierenden Pferd, und es hat den Anschein, als müsse er ganz schnell zu einer dringenden Verabredung. Am Wegesrande steht ein anderer Mann. Der ruft: „Wohin des Weges?" Worauf der Reiter antwortet: „Keine Ahnung! Frag das Pferd!"

Dies ist auch unsere Geschichte. Wir sind wie der Reiter auf dem Pferd: Wir wissen nicht, wohin es geht, und können nicht anhalten, sondern eilen weiter und weiter. Das Pferd ist mit der uns zur Gewohnheit gewordenen Energie zu vergleichen, die uns vorwärtstreibt und gegen die wir nicht ankommen. Wir laufen ohne Unterlass; wir können gar nicht anders. Selbst im Schlaf noch hören wir nicht auf zu zappeln. Wir liegen im ständigen Kampf mit uns selbst, und es ist kein weiter Weg, bis wir auch anderen den Kampf ansagen.

(Herz 30)

Von Ast zu Ast

Unser Geist neigt dazu, von einem zum anderen zu springen, wie ein Affe, der sich ohne Pause von Ast zu Ast schwingt. Gedanken haben Millionen von Wegstrecken und sie ziehen uns in die Welt der Achtlosigkeit hinein. Können wir den Pfad, den wir gehen, in ein Feld der Meditation verwandeln, dann werden unsere Füße jeden Schritt in vollkommener Achtsamkeit tun. Unser Atmen wird in Harmonie mit unseren Schritten und unser Geist wird ganz entspannt sein. Jeder unserer Schritte wird unseren Frieden und unsere Freude verstärken und ein Strom ruhiger Energie wird uns durchströmen. Dann können wir sagen: „... kommt ein sanfter Windhauch auf."

(Alles 27f)

Aus der Stille des Geistes

Wenn wir aus der Stille unseres Geistes heraus lauschen, wird jedes Vogelzwitschern, jedes Rauschen der Kiefern im Wind zu uns sprechen.

(Herz 104)

Im Boot

Wir sind wie ein Boot, das den Ozean überquert. Kommt ein Sturm auf und alle Insassen geraten in Panik, dann wird das Boot kentern. Aber wenn da nur ein Mensch im Boot ist, der Ruhe zu bewahren vermag, dann kann er durch sein Beispiel auch andere dazu inspirieren, ruhig zu bleiben. Dann gibt es für die ganze Besatzung Hoffnung. Wer ist dieser Mensch, der in unruhigen, schwierigen Situationen ruhig bleiben kann? Jeder von uns ist dieser Mensch. Wir zählen auf jeden, auf jede von uns.

(Alles 52)

Schweigen üben

Um in der Rede Achtsamkeit zu praktizieren, müssen wir uns im Schweigen üben. Dann können wir tiefschauen und erkennen, welchen Anschauungen wir anhängen und wie unser Denken durch psychische Probleme („Knoten in der Seele“) beeinflusst wird. Schweigen ermöglicht tiefes Schauen.

(Herz 104)

Unser Zuhause

Hat eine Welle ein Zuhause? Wenn eine Welle tief in sich hineinschaut, wird sie sich der Tatsache bewusst werden, dass viele andere Wellen um sie herum sind. Wenn wir achtsam sind und jeden Augenblick des Tages bewusst erleben, erkennen wir, dass alles, was um uns herum existiert, unser Zuhause ist. Ist es nicht wahr, dass die Luft, die wir atmen, unser Zuhause ist? Stimmt es nicht, dass der blaue Himmel, die Flüsse, die Berge, unsere Mitmenschen, die Bäume und die Tiere alle unser Zuhause sind? Eine Welle, die tief in ihr Inneres schaut, wird erkennen, dass alle anderen Wellen zu ihrer Existenz beigetragen haben und noch beitragen, und wird sich nicht länger isoliert und von allem und allen anderen abgeschnitten fühlen. Sie wird in der Lage sein zu erkennen, dass die anderen Wellen auch ihre Heimat sind.

(Jesus und Buddha 42)

Der einzige Moment

Der gegenwärtige Moment ist der einzige Moment, der real ist. Ihre wichtigste Aufgabe ist, hier und jetzt zu sein und den gegenwärtigen Moment zu genießen.

(Alles 21)

Heilung

Ist ein frei im Wald lebendes Tier krank, zieht es sich zurück, legt sich hin und tut nichts. Oft nimmt es noch nicht einmal Nahrung und Wasser zu sich. All seine Energie ist auf Heilung ausgerichtet. Wir müssen uns in dieser Art des Ausruhens üben, auch wenn wir nicht krank sind. Es ist eine tiefe Praxis zu wissen, wann wir uns ausruhen sollten. Manchmal strengen wir uns in unserer Praxis zu sehr an oder wir arbeiten, ohne achtsam dafür zu sein, viel zu viel und werden schnell müde. Die Achtsamkeitspraxis sollte nicht ermüdend sein, sie sollte uns Energie schenken. Erkennen wir aber, dass wir müde sind, sollten wir alles tun, um uns auszuruhen. Wir sollten andere um Hilfe bitten und unsere Aufgaben, wenn möglich, delegieren.

(Alles 79)

Der Kieselstein

Angenommen, jemand steht am Ufer eines Flusses und wirft einen Kieselstein hoch in die Luft. Der Stein fällt ins Wasser und sinkt langsam zu Boden. Ohne die geringste Anstrengung erreicht er das Flussbett. Am Boden angelangt, bleibt der Kiesel ruhig liegen und lässt das Wasser vorbeifließen. Genau wie der Stein können auch wir es uns erlauben zu ruhen. Wollen wir sitzend meditieren, so können wir ganz natürlich in die Position des Sitzens sinken – mühelos und leicht – und nur ruhen. Wir müssen die Kunst des Ruhens erst lernen; wir müssen lernen, unserem Körper und unserem Geist Ruhe zu gönnen. Hat man uns körperlich oder geistig verletzt, so müssen wir ruhen, damit die Verletzung heilt.

(Herz 33)

Der Kosmos ist unser Zuhause

In Ostasien betrachten wir den menschlichen Körper als einen Mikrokosmos. Der Kosmos ist unser Zuhause. Wir können dieses Zuhause berühren, indem wir uns unseres Körpers gewahr werden. Meditation bedeutet Stille: Wir sitzen still, wir stehen still, und wir gehen voll innerer Ruhe. Meditation bedeutet, tief zu schauen, tief zu berühren, so dass wir erkennen können, dass wir schon zu Hause sind. Unser Zuhause ist im Hier und im Jetzt verfügbar.

(Jesus und Buddha 45)

Die Wächterin vor unseren Sinnestoren

Wir sind ganzen Invasionen von Eindrücken ausgesetzt – Bildern, Klängen, Gerüchen, Berührungen, Ideen –, und viele davon geben der Gier, der Gewalt, Angst und Verzweiflung in uns Nahrung. Der Buddha riet uns, zu unserem Schutz die Achtsamkeit als Wächterin vor unsere Sinnestore zu stellen. Schau mit Buddha-Augen, um die Nahrung zu begutachten, die du zu dir zu nehmen gedenkst. Wenn du erkennst, dass sie giftig ist, lehne es ab, sie anzuschauen, ihr zuzuhören, sie zu schmecken oder zu berühren. Nimm nur das zu dir, wovon du sicher bist, dass es ungefährlich ist.

(Herz 41f)

Blühende Kirschbäume

Wir denken fortwährend an unsere Arbeit und haben kaum noch Zeit zum Atmen. Es ist aber wichtig, dass wir Zeiten der Ruhe finden, in denen wir uns an den blühenden Kirschbäumen erfreuen und unseren Tee in Achtsamkeit trinken. Wie wir handeln, hängt von unserer Art zu denken ab, und wie wir denken, hängt von unseren Gewohnheitsenergien ab. Wenn wir das erkennen, brauchen wir diese tiefverwurzelten gewohnheitsmäßigen Denk- und Verhaltensmuster nur freundlich zu begrüßen und zu sagen: „Hallo, Gewohnheitsenergie!“ Wenn wir das tun und uns ihretwegen auch nicht schuldig fühlen, werden sie viel von der Gewalt verlieren, die sie über uns haben.

(Herz 70)

Ein Glas kaltes Wasser

Bewusstes Atmen ist wie ein Glas kaltes Wasser trinken. Atmen wir ein, spüren wir, wie die Luft unsere Lungen füllt. Wir müssen unseren Atem nicht kontrollieren. Wir spüren den Atem so, wie er tatsächlich in dem Moment ist. Er mag lang sein oder kurz, tief oder flach. Im Lichte unseres Gewahrseins wird er sich auf ganz natürliche Weise verlangsamen und vertiefen. Bewusstes Atmen ist der Schlüssel, um Körper und Geist zu vereinen und die Energie der Achtsamkeit in jeden Augenblick unseres Lebens zu bringen.

(Alles 15)

Wie eine Mutter

Achtsamkeit ist wie eine Mutter, die zärtlich die Gefühle umarmt. Achtsamkeit ist stets Achtsamkeit von etwas. Atmen Sie achtsam, so ist das Achtsamkeit des Atmens. Gehen Sie achtsam, ist das Achtsamkeit des Gehens. Trinken Sie achtsam, ist das Achtsamkeit des Trinkens. Sind Sie Ihrer Gefühle achtsam gewahr, ist das Achtsamkeit der Gefühle. Achtsamkeit kann zu jedem physischen und geistigen Ereignis hinzutreten, es identifizieren und Linderung bringen.

(Alles 20)

Alles ist da

Wir müssen Dingen nicht hinterherlaufen, denn alles ist bereits da, ist in uns. Oft sagen wir uns: „Sitz nicht einfach nur rum! Tu was!“ Doch wenn wir uns in Gewahrsein üben, entdecken wir, dass das Gegenteil hilfreicher sein mag: „Tu nicht einfach was, sitz!“ Wir können uns angewöhnen, während des Tages immer wieder einmal innezuhalten, in die Gegenwart zurückzukehren und unsere Sorgen und das, was uns so beschäftigt hält, loszulassen. Sind unser Geist und Körper ruhig, können wir unsere Situation klarer sehen und wissen dann besser, was wir tun und was wir lassen sollten. Diese gute Angewohnheit sollten wir entwickeln.

(Ruhe 18)

Allein leben

Der Buddha war von Tausenden von Mönchen und Nonnen umgeben. Er ging, er aß inmitten der Mönche und Nonnen, doch immer verweilte er in Stille. Es gibt ein buddhistisches Sutra, genannt Das Sutra vom besseren Weg, allein zu leben. Allein leben bedeutet nicht, dass niemand um uns ist. Allein leben bedeutet, dass wir fest im Hier und Jetzt gegründet sind und wir all dessen gewahr sind, was im gegenwärtigen Moment geschieht. Wir nutzen die Achtsamkeit, um uns jedes Gefühls bewusst zu werden, jeder Wahrnehmung innerer und äußerer

Vorgänge, und wir sind die ganze Zeit bei uns und verlieren uns nicht. Das ist die ideale Weise, ein Leben der Zurückgezogenheit zu leben. Die Definition des Buddha von der idealen Praxis der Zurückgezogenheit lautet: nicht in der Vergangenheit gefangen sein, nicht in die Zukunft gezogen oder von Menschenansammlungen mitgerissen werden, sondern stets gegenwärtig sein, Körper und Geist vereint, dessen gewahr, was im gegenwärtigen Moment geschieht.

(Alles 131)

Aus dem eigenen Herzen

Stille kommt aus unserem eigenen Herzen und nicht von außerhalb. Sind wir wahrhaft still, können wir die Stille genießen, egal in welcher Situation wir sind. Stille bedeutet nicht nur, dass wir nicht sprechen oder laute Dinge tun. Stille bedeutet, dass wir innerlich nicht von etwas gestört werden, dass es kein inneres Gerede gibt. Es gibt Augenblicke, in denen wir meinen, still zu sein und dass um uns herum Stille herrsche, doch in unserem Kopf plappert es unaufhörlich. Das ist keine Stille.

(Alles 134)

Entspannung üben

Wenn wir krank sind, legen wir uns ins Bett und tun gar nichts. Manchmal essen oder trinken wir nicht einmal. All unsere Energie ist auf den Heilungsvorgang ausgerichtet. Dieses Ruhen müssen wir auch dann üben, wenn wir nicht krank sind. Sitzmeditation, Gehmeditation und achtsames Essen sind gute Gelegenheiten, um zu entspannen. Wenn du erregt bist, ist ein achtsamer Gang in einem Park oder Garten eine gute Möglichkeit, wieder zur Ruhe zu kommen. Du findest tiefe Entspannung und kommst in einen Zustand wahrer Ruhe, wenn du langsam gehst und dich daran erinnerst, wie wichtig das „Aufhören" ist, und wenn du von Zeit zu Zeit nichts anderes machst, als einfach nur zu sitzen, ohne etwas zu tun.

(Herz 245)

Nach dem Sturm

Eine starke, heftige Emotion ist einem Sturm vergleichbar und sie kann großen Schaden anrichten. Wir müssen herausfinden, wie wir uns beschützen, eine sichere Umgebung für uns schaffen und dort das Ende des Unwetters abwarten können. Wir können nicht dasitzen und warten, dass der Sturm schnell vorbeizieht, während wir ungeschützt allen Schäden, die er mit sich bringt, direkt ausgesetzt sind. Unsere Praxis besteht darin, unseren Körper und Geist vor dem Unwetter zu sichern. Nach jedem Sturm sind wir stärker geworden, gefestigter und schon bald fürchten wir keine Stürme mehr. Wir beten nicht mehr für einen ruhigen Himmel, ein ruhiges Meer. Stattdessen beten wir um die Weisheit und Stärke, mit den Schwierigkeiten, die im Leben entstehen, umgehen zu können.

(Alles 117)

Sei ganz bei dir

Das ist eine sehr wichtige Einsicht. Lebe dein tägliches Leben so, dass du dich nie verirrst und dir verloren gehst. Wenn deine Sorgen, Ängste, Sehnsüchte, dein Zorn und deine Begierden dich davontragen, läufst du vor dir selber davon und gehst in die Irre. Wir müssen uns ständig bemühen, zu uns selbst zurückzukehren. Dafür gibt es eine wunderbare Methode, und sie kostet kein Geld: Achtsames Atmen und achtsames Gehen machen es uns möglich, zu uns selbst zurückzufinden.

Betrachtest du dich selbst, so erkennst du eine Menge Raum. Bist du ganz bei dir und nimmst dich deiner liebevoll an, so ist Raum in dir, weit genug, um auch die weißen Wolken hereinzulassen.

(Jesus und Buddha 49)

Das Reine Land

Jeder von uns, die ganze Welt braucht ein Zuhause. Es gibt unendlich viele junge Menschen, die kein Zuhause haben. Sie mögen zwar in einem Haus wohnen, aber sie sind heimatlos in ihren Herzen. Darum ist es die wichtigste Aufgabe unserer Zeit, jedem Menschen ein Zuhause zu geben. Seid diesen heimatlosen Menschen ein Zuhause! Jeder von uns muss für andere ein Zuhause sein. Wenn wir etwas betrachten, einen Menschen, einen Baum oder irgendetwas anderes, so sollten wir das in einer Weise tun, dass wir sie als Teil unseres Zuhauses erfahren können. „Hier ist das Reine Land, das Reine Land ist hier." So beginnt ein Lied, das wir in Plum Village gerne singen. Das Reine Land ist unser wahres Zuhause.

(Jesus und Buddha 50)

Auf dem Weg ins wahre Zuhause

Vom Geschenk des Glücks

Das Glück erkennen

Wenn du Zahnschmerzen hast, weißt du, dass du dich glücklich schätzen kannst, wenn du keine hast. Später aber, wenn die Zahnschmerzen vorüber sind, ist dir der Zustand ohne Zahnschmerzen nichts mehr wert. Üben wir Achtsamkeit, so lernen wir, das Wohl wertzuschätzen, das bereits vorhanden ist. Achtsamkeit verhilft uns dazu, unser Glück zu erkennen, und kann bewirken, dass es länger andauert. Wenn ich Psychotherapeuten und Psychotherapeutinnen begegne, so frage ich sie: „Warum sprecht ihr mit euren Klienten und Klientinnen immer nur über das Leiden? Warum helft ihr ihnen nicht, die Samen des Glücks zu berühren, die auch in ihnen sind?"

(Herz 49)

Wie das Glück erwächst

Wir neigen zu dem Glauben, um glücklich zu sein, bräuchten wir bestimmte äußere Bedingungen, bevor wir Glücklichsein erreichen könnten. Doch das Glück erwächst aus der Art und Weise, wie wir die Dinge betrachten. Wir selbst sind vielleicht nicht glücklich, doch andere Menschen sind es unter den gleichen Bedingungen, wie wir sie haben.

(Quelle 75)

Mit dem Leben in Berührung

Ihr Körper ist ein Wunder. Ihre Augen sind ein Wunder. Sie brauchen nur Ihre Augen zu öffnen, um das Paradies der Formen und Farben, die uns zur Verfügung stehen, zu berühren. Dank Ihrer Ohren können Sie alle möglichen Klänge hören: Musik, den Gesang der Vögel, den Wind, der durch die Kiefern streicht. Schenken Sie Ihrer Einatmung und Ausatmung Aufmerksamkeit, bringen Sie sich zurück zum gegenwärtigen Moment, zum Hier und Jetzt, und Sie sind mit dem Leben in Berührung. Wenn Sie sich aber weiterhin in der Vergangenheit verlieren oder auf die Zukunft zueilen, dann verpassen Sie all das.

(Alles 17)

Die Grundlage des Glücks

Die Grundlage des Glücks ist Achtsamkeit, ist unser Gewahrsein. Sind wir nicht dessen gewahr, dass wir glücklich sind, dann sind wir es auch nicht wirklich. Haben wir Zahnschmerzen, wissen wir, wie wundervoll es ist, keine Zahnschmerzen zu haben. Doch wenn wir dann keine Zahnschmerzen haben, sind wir auch nicht glücklich. Ein Nicht-Zahnschmerz ist sehr angenehm, solange wir seiner gewahr sind. Es gibt so viele erfreuliche Dinge, doch ohne Achtsamkeit können wir sie gar nicht wertschätzen. Wenn wir uns in Achtsamkeit üben, schätzen wir mit der Zeit diese Dinge und lernen, wie wir sie uns bewahren können. Kümmern wir uns gut um den gegenwärtigen Moment, so kümmern wir uns gleichzeitig gut um die Zukunft. Für zukünftigen Frieden wirken bedeutet Frieden im gegenwärtigen Moment finden.

(Ruhe 17)

Der Pfad zur Befreiung

Wir haben eine Vorstellung von dem, was Glück bedeutet. Wir glauben, nur unter bestimmten Bedingungen glücklich sein zu können. Aber oft ist es gerade diese unsere Vorstellung von Glück, die uns daran hindert, glücklich zu sein. Wir müssen tief in unsere Wahrnehmungen schauen, um uns von ihnen zu befreien. Dann kann das, was eine Wahrnehmung war, zu einer Erkenntnis werden: Wir erkennen den Pfad, der zur Befreiung führt. Das ist weder Wahrnehmung noch Nicht-Wahrnehmung. Es ist wirkliche Einsicht. Wir erkennen die Dinge, wie sie sind.

(Herz 62)

Tore zum Glück

Es gibt viele Tore zum Glück. Öffnen Sie alle, gibt es für das Glück viele Wege, Sie zu erreichen. Doch haben Sie bis auf eines alle Tore geschlossen, kann sich das Glück aus diesem Grund nicht einstellen. Denn das Glück kann nicht durch dieses eine Tor kommen. Schließen Sie also keins dieser Tore. Öffnen Sie alle. Verpflichten Sie sich nicht nur einer Vorstellung von Glück. Schieben Sie Ihre Vorstellung von Glück beiseite, dann kann das Glück heute noch zu Ihnen kommen.

(Quelle 78)

Von den Vorstellungen befreien

Stell dir vor, jemand fragt dich: „Was, glaubst du, ist eine unabdingbare Voraussetzung für dein Glück?" und bittet dich, ein wenig darüber nachzudenken und das Ergebnis deiner Reflexion auf einen Zettel zu schreiben. Das ist eine wunderbare Gelegenheit für uns, unsere Vorstellung vom Glück noch einmal gründlich zu überprüfen. Der Lehre des Buddha zufolge ist es denkbar, dass die Vorstellung, die wir uns vom Glück machen, die Ursache dafür ist, dass wir nicht glücklich sind. Dieser unserer Vorstellung ist es zuzuschreiben, dass wir möglicherweise unser ganzes Leben lang unglücklich bleiben. Deshalb ist es so entscheidend, sich von allen Vorstellungen zu befreien. Dann ist es möglich, das Tor zu wahrem Glück zu öffnen, das bereits jetzt in und um uns herum vorhanden ist.

(Jesus und Buddha 66f)

Großes Glück

Kaiser Wu fragte einst Bodhidharma, den Stifter des Zen-Buddhismus in China, was für Verdienste er sich wohl dadurch erworben habe, dass er überall im Land habe Tempel bauen lassen. Bodhidharma antwortete: „Überhaupt keine." Wenn du nur einen einzigen Teller in Achtsamkeit abwäschst, wenn du nur einen einzigen kleinen Tempel errichtest und dabei tief im gegenwärtigen Augenblick verweilst – dir nicht wünschst, anderswo zu sein, dich nicht um Ruhm oder Anerkennung kümmerst –, wird dein Verdienst unermesslich sein, und du wirst großes Glück in dir verspüren.

(Herz 69f)

Das kostbarste Erbe

Das kostbarste Erbe, das Eltern ihren Kindern hinterlassen können, ist ihr eigenes Glücklichsein. Das ist das wertvollste Geschenk, das sie ihren Kindern machen können. Ihre Kinder können diese Lektion ihr ganzes Leben lang verwenden. Sie können ihnen vielleicht kein Geld hinterlassen oder Landbesitz, doch Sie können ihnen helfen, glückliche Menschen zu werden. Glückliche Eltern sind das reichste Erbe, das man sich nur vorstellen kann.

(Quelle 65)

Die Geschenke des Lebens

Wollen wir uns an den Geschenken des Lebens vollständig erfreuen, müssen wir in allem Achtsamkeit walten lassen, ob wir nun unsere Zähne putzen, unser Frühstück zubereiten oder zur Arbeit fahren. Jeder Schritt und jeder Atemzug kann uns eine Gelegenheit zur Freude und zum Glück sein.

(Alles 11)

Das kranke Pferd

In Vietnam sagen wir: Wenn ein Pferd krank ist, weigern sich auch alle anderen Pferde im Stall zu fressen. Unser Glück und Leiden ist das Glück und Leiden auch anderer Wesen.

(Herz 165)

Erkältetsein gehört zum Leben

Der Augenblick, in dem du Holz hackst oder Wasser trägst, ist der Augenblick des Glücks. Wir brauchen nicht darauf zu warten, bis diese Arbeiten erledigt sind, um glücklich zu sein. Ist der Geist der Absichtslosigkeit in uns lebendig, so werden wir in jedem Augenblick Glück empfinden. Andernfalls werden wir für den Rest unseres Lebens im Kreis herumlaufen. Wir haben alles, was nötig ist, um den gegenwärtigen Augenblick zum glücklichsten Moment unseres Lebens zu machen, auch wenn wir erkältet sind oder Kopfschmerzen haben. Wir brauchen nicht zu warten, bis unsere Erkältung vorüber ist, um glücklich zu sein. Erkältetsein gehört zum Leben.

(Herz 173)

Das Geschenk der Nicht-Angst

Eines der größten Geschenke, die wir anderen Menschen machen können, ist, Nicht-Angst und Nicht-Anhaftung zu verkörpern. Diese wahre Lehre ist kostbarer als Geld oder materielle Güter. Viele von uns haben so viele Ängste, und diese Ängste zerstören unser Leben, und wir fühlen uns schlecht. Wir hängen an Dingen und an Menschen, wie ein Ertrinkender sich an einem schwimmenden Stück Holz festklammert. Praktizieren wir Nicht-Anhaftung und teilen diese Weisheit mit anderen, geben wir das Geschenk der Nicht-Angst. Alles ist unbeständig. Dieser Moment vergeht. Dieser Mensch geht weg. Und doch ist Glück möglich.

(Quelle 29)

Kleine Dinge

Glücklichsein hängt in erster Linie von dem tiefen Wunsch nach Glück ab und dann von einem spirituellen Pfad, dem wir folgen. Tun Sie jeden Tag etwas auf diesem Pfad, und Sie werden glücklich sein. Versuchen Sie nicht, große Dinge zu tun. Durch kleine Dinge können Sie sich und Ihre Freundinnen und Freunde glücklich machen. Wenn Sie ein Mahl zubereiten oder den Tisch abwischen, tun Sie das in schöner Weise – für sich selbst und für die Menschen in Ihrem Umfeld. Sie können sofort damit beginnen.

(Quelle 79)

Die Gabe des Geschirrspülens

Du magst glauben, Geschirrspülen sei eine niedere Arbeit. Du kannst aber durchaus glücklich sein, wenn du die Ärmel hochkrempelst, Wasser in das Becken laufen lässt und das Spülmittel dazugibst. Indem du das Geschirr achtsam abwäschst, erkennst du, wie wunderbar das Leben ist. In jedem Augenblick hast du die Möglichkeit, die Samen des Glücks in dir zu kräftigen.

(Herz 213)

Der Pinsel in der Kunst der Achtsamkeit

Wir müssen die Kunst erlernen, Glück zu schaffen. Wenn Sie in Ihrer Kindheit Ihre Eltern dabei beobachten konnten, dass sie Dinge taten, die der Familie Glück schenkten, wissen Sie bereits, was Sie tun müssen. Doch viele von uns haben diese Vorbilder nicht. Es geht nicht darum, richtig oder falsch zu sein, sondern darum, mehr oder weniger geschickt zu sein. Das Zusammenleben ist eine Kunst. Trotz viel guten Willens können wir einen anderen Menschen durchaus unglücklich machen. Achtsamkeit ist der Pinsel in der Kunst der Achtsamkeit. Sind wir achtsam, sind wir geschickter, und das Glück erblüht.

(Quelle 118)

Lebendig sein

Lebendig zu sein ist ein Wunder. Einfach zu sitzen, das Einatmen und Ausatmen zu genießen, das ist bereits Glück. Da Sie ein- und ausatmen, wissen Sie, dass Sie lebendig sind. Das ist es doch wert gefeiert zu werden!

(Alles 24)

Die Kraft der Erleuchtung

Alle Buddhas und Bodhisattvas erklären, dass dir die Kraft der Erleuchtung innewohnt. Sie ist die eigentliche Grundlage deines Lebens und deines Praktizierens. Ist sie das wirklich, so wirst du niemals die Orientierung verlieren. Von diesem Fundament aus wird die Energie der Achtsamkeit, der geistigen Sammlung und der Einsicht geboren; auf dieser Grundlage entwickelt sich die Kraft, die dich schützen wird. Du weißt jetzt, in welche Richtung du zu gehen hast. Weißt du das nicht, so kannst du nicht glücklich sein, sondern irrst blind herum und wirst viel leiden müssen. Darum ist es wichtig, ein Ziel zu haben. So versteht die buddhistische Lehre das Wesen des Vertrauens.

(Jesus und Buddha 100)

Heilsame Samen

Wer Roggen sät, wird Roggen ernten. Wer Weizen sät, wird Weizen ernten. Wenn unser Tun heilsam ist, werden wir Glück erfahren. Wenn unser Tun unheilsam ist, geben wir den Samen von Gier, Zorn und Gewalt in uns Nahrung. Rechte Anschauung lässt uns erkennen, welche Samen heilsam sind und gestärkt werden sollten.

(Herz 60)

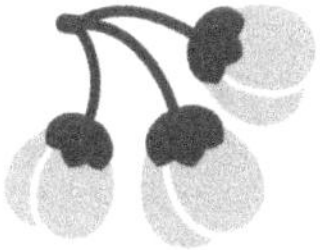

Lang lebe die Unbeständigkeit!

Es ist die Unbeständigkeit, die eine Transformation möglich macht. Wir sollten sagen lernen: „Lang lebe die Unbeständigkeit!“ Denn der Unbeständigkeit ist es zu verdanken, dass wir Leiden in Freude verwandeln können. Wenn wir die Kunst einer achtsamen Lebensführung praktizieren, werden wir nicht traurig sein, wenn die Dinge sich ändern. Wir können lächeln, denn wir bemühen uns nach Kräften, uns jedes Augenblicks unseres Lebens zu erfreuen und andere glücklich zu machen. Sollte es einmal eine Auseinandersetzung geben zwischen dir und jemandem, den du liebst, so schließt beide die Augen und stellt euch vor, wie es mit euch beiden in dreihundert Jahren aussehen mag. Wenn ihr die Augen wieder öffnet, werdet ihr keinen anderen Wunsch haben, als euch in die Arme zu nehmen und euch gegenseitig zu versichern, wie sehr ihr euch schätzt. Die Lehre von der Unbeständigkeit lässt uns den Wert dessen erkennen, was ist – hier und jetzt –, und verhilft uns dazu, unser Anhaften und unsere Unachtsamkeit zu überwinden.

(Herz 149)

Das wahre Zuhause

Du bist glücklich, wenn die Sonne scheint. Wenn es regnet, bist du gleichfalls glücklich. Du brauchst nirgendwo anders hinzugehen. Du brauchst nicht in die Zukunft zu reisen oder in die Vergangenheit zurückzukehren. Dein wahres Zuhause ist der gegenwärtige Augenblick.

(Herz 213)

Innehalten

Innehalten gewährt uns den Raum, unser negatives Denken zu beobachten, ohne uns darin zu verfangen. Wir bezeichnen dies als reine Beobachtung. Innehalten lässt uns auch mit dem Positiven und Heilenden in Berührung sein. Der Sinn unserer Praxis besteht nicht darin, das Leben zu vermeiden, sondern darin, zu erfahren und zu zeigen, dass Glück in diesem Leben jetzt und auch in Zukunft möglich ist.

(Ruhe 19)

Mit dem Buddha in Berührung

Der Pfad der Gelassenheit

Aufgepasst!

Ein Mann ruderte mit seinem Boot stromaufwärts, als er plötzlich ein anderes Boot auf sich zukommen sah. Er rief: „Vorsicht! Vorsicht! Aufgepasst!" Aber das Boot rammte sein Boot und brachte es fast zum Kentern. Der Mann wurde wütend und fing an zu schimpfen. Als er aber genau hinschaute, stellte er fest, dass in dem anderen Boot niemand saß. Es war von selbst stromabwärts getrieben. Der Mann erkannte, dass er einer falschen Wahrnehmung aufgesessen war, und musste lachen.

(Herz 201f)

Zwinge dich nicht

Der Buddha fragte den Mönch Sona: „Stimmt es, dass du Musiker warst, bevor du Mönch wurdest?" – „So ist es", antwortete der Mönch. Der Buddha fragte: „Was geschieht, wenn auf einem Instrument eine Saite zu locker gespannt ist?" – „Sie gibt keinen Ton von sich, wenn man sie anzupft", erwiderte Sona. „Und was geschieht, wenn eine Saite zu straff gespannt ist?" – „Sie reißt." – „Genauso ist es, wenn du den Pfad beschreitest. Behalte deine Gesundheit im Auge. Zwinge dich nicht, Dinge zu tun, die deine Kräfte übersteigen. Tue sie freudig und mit Leichtigkeit!"

(Herz 113f))

Die Energie des Gewahrseins

Achtsamkeit ist die Energie des Gewahrseins und des Erwachens zur Gegenwart. Es ist die fortwährende Übung, das Leben tief in jedem Augenblick zu berühren. Achtsamkeit zu praktizieren bedeutet nicht, dass wir uns dazu irgendwo andershin begeben müssten. Wir können Achtsamkeit in unserem Zimmer üben oder auf unserem Weg von einem Ort zum anderen. Wir können all das machen, was wir sonst auch tun – gehen, sitzen, arbeiten, essen, reden – nur tun wir dies jetzt mit einem Gewahrsein für das, was wir tun.

(Alles 9)

Vollkommen gegenwärtig

Achtsam zu sein bedeutet, hier zu sein, vollkommen gegenwärtig, vollkommen lebendig, unbelastet von Gedanken an Vergangenes oder Zukünftiges, an unsere Sorgen oder Projekte. Nur wenn wir innehalten, begegnen wir dem Leben. Wenn wir innehalten, können sich Körper und Geist vereinen, und wir vermögen ihre Einheit zu erfahren.
(Ruhe 16)

Was hindert uns?

Wenn wir jetzt ohne Frieden und ohne Freude sind, wie können wir morgen oder übermorgen dann in Frieden und voller Freude sein? Was hindert uns eigentlich daran, jetzt, hier glücklich zu sein?

(Ruhe 31)

Gelassen sprechen

Sprich nur dann, wenn du wirklich sicher bist, dass du gelassen und liebevoll sprechen wirst. Du musst dich darin üben, damit dir das gelingt.

(Herz 101)

Die Macht der Worte

Unterschätzen Sie nicht die Macht der Worte, wenn Sie sich in Rechter Rede üben. Die Worte, die wir sprechen, können Verstehen und Liebe schaffen. Sie können so schön wie Edelsteine sein, so lieblich wie Blumen und sie können viele Menschen glücklich machen. Doch beim Telefonieren sind wir oft mit vielen Dingen gleichzeitig beschäftigt und achten gar nicht auf unser Sprechen.

Das Telefon ist ein sehr gebräuchliches Kommunikationsmittel, vor allem als Mobiltelefon. Es erspart uns Reisezeit und Kosten. Doch das Telefon kann uns auch tyrannisieren. Wenn es dauernd klingelt, werden wir ständig gestört und bringen nicht viel zu Ende. Telefonieren wir ohne Gewahrsein, verschwenden wir kostbare Zeit und Geld. Oft reden wir über unwichtige Dinge, während um uns herum die Freuden des gegenwärtigen Momentes sind: ein Kind, das unsere Hand nehmen will, Vogelgezwitscher, Sonnenschein.

(Alles 41)

Mit einer Verbeugung

Grüßen wir einen anderen Menschen mit einer Verbeugung, gibt uns das die Gelegenheit, mit ihm gegenwärtig zu sein und die Fähigkeit zum vollkommenen Erwachen in uns und dem anderen anzuerkennen. Wir verbeugen uns nicht, nur um höflich oder diplomatisch zu sein, sondern um das Wunder des Lebendigseins und das Potenzial des Erwachens, das jedem Menschen innewohnt, zu würdigen. Sich zu verbeugen oder nicht zu verbeugen, das ist nicht die Frage. Das Entscheidende ist, dabei achtsam zu sein.

(Alles 43)

Die Adresse des Lebens

Mit dem Rennen, Hetzen und Eilen aufzuhören ist eine sehr wichtige Praxis. Wir sind unser ganzes Leben lang gerannt. Wir glauben, dass Frieden, Glück und Erfolg an einem anderen Ort, zu einer anderen Zeit gegenwärtig sind. Wir wissen nicht, dass wir nach allem – Frieden, Glück und Stabilität – im Hier und Jetzt Ausschau halten sollten. Das ist die Adresse des Lebens – wo das Hier und Jetzt sich kreuzen.

(Alles 48f)

Teilzeit-Buddhas

Wenn wir Achtsamkeit praktizieren, wird die Energie des Buddha in uns und um uns herum freigesetzt, und das ist die Energie, die die Welt retten kann. Der Buddha war in der Lage, den ganzen Tag über achtsam zu sein. Wir sind alle nur „Teilzeit-Buddhas". Atmen wir aber achtsam ein und aus, so schauen wir gleichsam mit Buddha-Augen und erkennen, welche Kraft die Energie der Achtsamkeit hat. Hören wir anderen mit Buddha-Ohren zu, so wird die gestörte Kommunikation wiederhergestellt und eine Menge Leiden gelindert. Leiten wir die Energie der Achtsamkeit in unsere Hände, so werden unsere Buddha-Hände die Sicherheit und Integrität von denen bewahren, die wir lieben.

(Herz 93)

Mit dem Buddha in Berührung

Deine Achtsamkeit und dein gesammelter Geist sind der Buddha in dir. Du brauchst nicht 2500 Jahre zurückzugehen, um dem Buddha nahe zu kommen. Du brauchst nur zu sitzen und die Energie der Achtsamkeit und Konzentration in dir zu berühren. Dann ist der Buddha dir nahe, dann bist du der Buddha. Wenn du täglich mit Eifer praktizierst, kultivierst du diese kostbaren Energien in dir. Du weißt, dass dein Verstehen, deine Toleranz, deine Freundlichkeit und deine Liebe von diesen Energien abhängen. Du weißt, dass der Buddha kein bloßes Wort ist und keine Vorstellung. Der Buddha ist eine Wirklichkeit, mit der du jeden Tag in Berührung kommen kannst. Ist diese Art von Vertrauen in dir, so wirst du niemals totalitären Vorstellungen erliegen. Du wirst niemals versucht sein, anderen deine Ideen und Vorstellungen aufzuzwingen, denn dein Vertrauen ist wahres Vertrauen.

(Jesus und Buddha 77)

Umarme jeden Körperteil

Willst du also Achtsamkeit auf den Körper praktizieren, so folge deinem Atem und richte deine Aufmerksamkeit gezielt auf jeden einzelnen deiner Körperteile – vom Scheitel bis zur Sohle. Atme dabei achtsam ein und wieder aus und umarme jeden Körperteil mit der Energie der Achtsamkeit. Schenke ihm ein liebevolles und anerkennendes Lächeln.

(Herz 199)

Frische Luft

Es gibt vieles, was uns täglich vierundzwanzig Stunden lang zur Verfügung steht. Von uns hängt es ab, ob wir darüber Freude empfinden können oder nicht. Vierundzwanzig Stunden lang am Tag steht uns beispielsweise die frische Luft zur Verfügung. Die Frage ist nur, ob wir uns die Zeit nehmen und achtsam genug sind, um sie wahrzunehmen und zu erkennen, dass frische Luft etwas Wunderbares ist. Wir können nicht behaupten, die frische Luft sei nicht vorhanden, wir hätten also keinen Grund, uns zu freuen. Die frische Luft ist vorhanden. Wir müssen tief in uns schauen. Dann wird uns klar, wie wichtig es ist, Zeit und Gelegenheit zu nutzen, um uns der frischen Luft bewusst zu werden und uns an ihr zu erfreuen. Eine der Voraussetzungen dafür ist unsere Achtsamkeit. Sie hilft uns, frei zu sein und Freude an dem, was ist, zu empfinden. Wo keine Achtsamkeit ist, gibt es kein wirkliches Leben. Ohne Achtsamkeit können wir den herrlichen Sonnenschein, die frische Luft, die Sterne, den Mond, die Menschen, die Tiere und die Bäume nicht wirklich erfahren.

(Jesus und Buddha 13)

Wirklich angekommen

Wenn Sie zum gegenwärtigen Augenblick, nach Hause, zurückkehren, dann berühren Sie die Wunder des Lebens, die in Ihnen sind und die Sie umgeben. Genießen Sie einfach diesen Moment; Sie müssen nicht auf morgen warten, um Frieden und Freude zu erleben. Beim Einatmen sagen Sie: „Ich bin angekommen", und Sie werden wissen, ob Sie angekommen sind oder nicht; Sie werden wissen, ob Sie noch immer rennen oder nicht. Selbst beim stillen Sitzen kann man mit dem Geist noch rennen. Haben Sie das Gefühl, angekommen zu sein, werden Sie sehr glücklich sein und Ihrem Freund sagen: „Lieber Freund, ich bin wirklich angekommen." Welch gute Nachricht!

(Alles 50)

Die beiden Hände

Meine rechte Hand lädt die Glocke ein, schreibt Bücher, kalligraphiert und schenkt Tee ein. Doch meine rechte Hand schaut nicht auf die linke herab und sagt: „Oh, linke Hand, du bist ja zu gar nichts gut. Alle Gedichte habe ich geschrieben. Alle Kalligraphien, ob auf Deutsch, Französisch oder Englisch – sie sind von mir. Du bist vollkommen nutzlos. Bist für nichts gut." Die rechte Hand hat nie unter Stolz gelitten. Die linke nie unter dem Gefühl der Wertlosigkeit. Es ist wunderbar. Hat die rechte Hand ein Problem, ist die linke sofort da. Die rechte Hand würde nie sagen: „Das musst du wiedergutmachen. Immer bin ich da, um dir zu helfen. Du stehst in meiner Schuld."

(Quelle 36)

Der Klang einer Uhr

Wir können uns Erinnerungsstützen schaffen, die uns helfen, während des Tages innezuhalten. Vergessen Sie nicht, bewusst zu atmen, wenn Sie eine Erinnerungsstütze für sich gefunden haben – sei es ein Altar, der Klang einer Uhr, eine Glocke, eine Sitzecke oder ein Bild an der Wand. Manche Menschen nutzen dafür auch Vogelgezwitscher, Hundegebell, Flugzeuggeräusche oder Polizeisirenen. Sie können sich ein Blatt an die Wand hängen, auf dem „atme" steht, oder sich den Klang einer Glocke auf Ihren Computer oder Ihr Handy herunterladen und so einstellen, dass von Zeit zu Zeit ein Ton erklingt.

(Ruhe 27)

Verstehen für uns selbst

Halten wir inne und atmen bewusst, so können wir beobachten, über wie viel Frieden, Glück und Leichtigkeit wir bereits verfügen, aber auch, wie viel Wut, Ärger, Angst, Kummer und Sorgen in uns sind. Werden wir uns unserer Gefühle bewusst, dann wächst unser Verstehen für uns selbst. Wir sehen, wie unsere Ängste, unser mangelnder innerer Frieden zu unserem Unglück beitragen, und wir erkennen, wie wertvoll es ist, wenn wir uns selbst lieben und ein mitfühlendes Herz entwickeln.

(Ruhe 73)

Schritte für den Frieden

Wir gehen fast die ganze Zeit, doch das ist meist mehr ein Laufen und Rennen. Unsere eiligen Schritte drücken Angst und Sorgen in die Erde ein. Können wir einen Schritt in Frieden tun, dann können wir auch zwei, drei, vier und schließlich fünf Schritte für den Frieden und das Glück der Menschheit und der Erde tun.

(Alles 27)

Die Glocke als Freundin

Manchmal ist vielleicht unser Körper zuhause, aber wir sind es nicht wirklich. Unser Geist ist woanders. Die Glocke kann helfen, den Geist zurück zum Körper zu bringen. So praktizieren wir in einem Tempel. Weil die Glocke uns dabei helfen kann, zu uns selbst zurückzukehren, zurück zum gegenwärtigen Moment, betrachten wir die Glocke als eine Freundin, eine Bodhisattva, die uns hilft, wieder zu uns selbst zu erwachen. Zuhause können wir das Telefonläuten, die Kirchenglocke in unserer Nähe, das Weinen eines Säuglings oder sogar den Klang einer Sirene oder eines Autoalarms als unsere Glocken der Achtsamkeit nutzen. Mit drei bewussten Atemzügen können wir die Spannung in Körper und Geist lösen und zu einem klaren Seinszustand zurückkehren.

(Alles 36)

Neu beginnen

Neu zu beginnen bedeutet, uns selbst eingehend und ehrlich zu betrachten, unsere vergangenen Handlungen, das, was wir gesprochen und gedacht haben, genau anzuschauen und einen frischen Neubeginn für uns selbst und in unseren Beziehungen zu anderen zu schaffen. Wir praktizieren den Neubeginn, um unseren Geist zu klären und unsere Übung lebendig zu halten. Tauchen in unseren Beziehungen Schwierigkeiten auf und fühlt sich einer von uns verletzt oder voller Unmut, dann wissen wir, es ist Zeit für einen Neubeginn.

(Alles 99)

Tiefe Wurzeln

Schauen wir während eines Unwetters auf die Krone eines Baumes, wie sie hin- und hergeschleudert wird, haben wir leicht das Gefühl, der Baum könne jeden Moment weggeweht werden. Doch schauen wir uns den Stamm an und die Basis des Baums, erkennen wir, wie viele seiner Wurzeln tief in die Erde hineinreichen. Wir sind erleichtert, wir wissen, der Baum wird nicht umfallen, er wird stehen bleiben.

(Alles 121)

Unendlicher Reichtum

Wenn du, während du Kaffee trinkst oder dein Kind an die Hand nimmst und mit ihm spazieren gehst, wirklich da bist, ganz präsent und gesammelt,, dann nimmt deine Freude an Kraft zu. Dann verstehst du besser, was um dich herum geschieht. In dir ist ja Achtsamkeit; in dir ist Konzentration, dein Geist ist gesammelt. Und deine Achtsamkeit, dein gesammelter Geist und deine Einsicht bewirken, dass deine Freude und dein Frieden an Intensität zunehmen. Das hat universale Gültigkeit. Du kannst viel tun, damit diese Kräfte in dir wachsen. Du kannst sie zu einem Fundament deines Handelns machen, zum Fundament deines Praktizierens, zum Fundament deines ganzen Lebens – zu deinem geistigen Erbe. Tust du das, so wirst du feststellen, wie unendlich reich du in spiritueller Hinsicht bist.

(Jesus und Buddha 76)

Quellen

Thich Nhat Hanh
Alles, was du tun kannst für dein Glück. Übungen für Körper, Seele und Geist. Verlag Herder, 2022 (= Alles)

Thich Nhat Hanh
Das Herz von Buddhas Lehre. Leiden verwandeln – die Praxis des glücklichen Lebens. Verlag Herder, 2020 (= Herz)

Thich Nhat Hanh
Jesus und Buddha – Ein Dialog der Liebe. Verlag Herder, 2016 (= Jesus und Buddha)

Thich Nhat Hanh
Quelle der Liebe. Wie Partnerschaft dauerhaft gelingt. Verlag Herder, 2023 (= Quelle)

Thich Nhat Hanh
Zur Ruhe finden. Meditation für zu Hause. Verlag Herder, 2015 (= Ruhe)

www.herder.de

Umschlaggestaltung: Gestaltungssaal, Rohrdorf
Umschlagmotiv: © Azuki2021 / GettyImages
Vignetten im Innenteil: © Spiharu / GettyImages;
© Valeriy Matveyev / GettyImages
Satz: Arnold & Domnick, Leipzig

Herstellung: GGP Media GmbH, Pößneck
Printed in Germany

ISBN 978-3-451-03458-9